N° 3.

MÉTHODE LACAINE

ENSEIGNEMENT PRATIQUE ET RAPIDE

L'ALLEMAND

SANS

MAITRE

Apprenez une langue étrangère, comme vous avez appris votre langue maternelle.

F. AHN.

Prix, 1 fr.

PARIS

CHEZ L'AUTEUR, RUE RÉAUMUR, 17

1875

LEÇONS RAPIDES

de Tenue des Livres et d'Anglais

RUE RÉAUMUR, 17

MÉTHODE LACAINE

ENSEIGNEMENT PRATIQUE ET RAPIDE

L'ALLEMAND SANS MAITRE

APPRIS COMME DANS LE PAYS,

Par petites phrases des plus ordinaires

BIEN COMPRISES ET BIEN PRONONCÉES

AUSSI, SOUVENT RÉPÉTÉES.

La Méthode à suivre est ce que j'appellerai la Méthode naturelle, *celle que l'on emploie pour l'enfant dans la famille, celle dont chacun use en pays étranger. Peu de Grammaire, mais beaucoup d'exercices parlés.*

INSTRUCTION MINISTÉRIELLE
du 29 Septembre 1863.

N° 3

PARIS

CHEZ L'AUTEUR, RUE RÉAUMUR, 17

1875

Suite du Substantif.

3° Si enfin le génitif est en *n* ou *en*, tous les autres cas du singulier et du pluriel se terminent de même. *Herr*, maître, monsieur, prend seul *n* au sing. et *en* au plur.

4° Comme nous l'avons déjà dit, le singulier des noms féminins est toujours invariable aux 4 cas. Autrefois, il n'en était pas ainsi, comme le témoignent certaines locutions encore en usage aujourd'hui :

auf Erden,	sur terre, ici-bas. (Angl. *upon Earth.*)
mit Freuden,	avec joie.
in Gnaden,	en grâce.
von Gottes Gnaden,	par la grâce de Dieu.
zu Gunsten, avec le gén.	en faveur (de.....)

5° L'*e* du génitif (*e*) *s* se supprime souvent. Cette suppression facultative indiquée déjà par la parenthèse a lieu surtout,

Toutes les fois que la prononciation le permet.
des Staats, de l'État.

Par euphonie, lorsque le mot est terminé par une voyelle, ou une des liquides *l*, *m*, *n*, *r*.
des Taus, du câble.
des Stuhls, de la chaise.
des Jahrs, de l'année.

Dans la plupart des polysyllabes.
des Fruhlings, du printemps.

Dans les mots étrangers qui ont l'accent sur la dernière syllabe.
des Adjectivs, de l'adjectif.

Dans le langage familier.
des Brods, du pain.
des Kleids, du vêtement.

En poésie, pour le besoin du vers.

Sohn, entlaste mich des *Harms*,
Ob der Schwäche meines *Arms!*

Lied eines Ritters,
Leop. Stolberg.

mais l'*e* du génitif est maintenu dans les noms terminés par *s*, *sz*, *tz*, *z*, *zt*, et généralement, dans tous ceux dont la terminaison serait trop dure sans la présence de cette voyelle,

des Harzes, de la résine.

Gott, Dieu, signifiant *l'Être suprême*, garde toujours l'*e* au génitif.

von Gottes Gnaden,	par la grâce de Dieu.

6° L'*e* du datif (*e*) se supprime aussi souvent:

Par euphonie, au datif des substantifs radicaux terminés par une voyelle, ou lorsque le mot suivant commence par une voyelle.

dem Ei	à l'œuf.
dem See	au lac.
dem Tau	au câble.
dem Geld ergeben,	tout entier à l'argent.

Ordinairement, au datif des noms pris dans un sens indéterminé, et précédés immédiatement d'une préposition.

aus Hasz,	par haine.
aus Stolz,	par orgueil.
mit Wein,	avec du vin.
mit Fleisz,	avec intention.
von ou aus Gold,	d'or, ou en or.
zu Fusz,	à pied.
mit Weib und Kind,	avec femme et enfant.
von Ort zu Ort,	de lieu en lieu.
von Haus und Hof,	de maison et cour (de toute propriété).
von Tisch und Bett scheiden,	séparer de corps et de biens. (m. à m. de table et lit.)

Dans le langage familier.

dem Brod,	au pain.
dem Kleid,	au vêtement.

En poésie, pour le besoin du vers.

Denn ich blieb *Herzog* hold.

Lied eines Ritters,
Leop. Stolberg.

Cette suppression a toujours lieu au datif de *Gott*, Dieu, *l'Être suprême*.

Drum so scheue nicht den Tod,
Und vertraue deinem *Gott!* *Leop. Stolberg*.
Gott sei Dank! Dieu merci!
Gott befohlen! Adieu! Serviteur!

I. La Rencontre. *(Suite.)*

De quoi vous plaignez-vous?	**Worüber[1] klagen[2] Sie?**
J'ai mal aux yeux depuis hier.	**Ich leide[4] an[5] den Augen[6] seit[7] gestern.[8]**
Je souffre des yeux.	**Ich habe Augenschmerzen[9].**
J'ai mal aux dents.	**Ich habe Zahnschmerzen[10].**
J'ai mal à la gorge.	**Ich habe Halsschmerzen[11].**
Je me suis enrhumé.	**Ich habe den Schnupfen[12] bekommen.**
Je suis enrhumé du cerveau.	**Ich habe den Schnupfen.**
J'ai un gros rhume.	**Ich habe eine starke[13] Erkältung[14].**

1 Ce mot est pour *über was*, sur quoi. Lorsque *was*, quoi, relatif ou interrogatif, est régi par une préposition, on le remplace ordinairement par l'adverbe *wo*, où, qui se reporte devant la préposition, et prend un *r*, par euphonie, lorsque cette dernière commence par une voyelle.

Les prépositions qui, d'après l'usage, suivent *wo*, sont les suivantes:

				et avec *r* intercalé,	
bei,	à, par.	*nach*,	après, d'après.	*an*,	à
durch,	par, au moyen de.	*neben*,	à côté de.	*auf*,	sur.
für,	pour.	*von*,	de.	*aus*,	de.
gegen,	contre, en échange de.	*vor*,	devant.	*in*,	dans.
hinter,	derrière.	*zu*,	à, pour.	*ein*	dans, avec mouvement.
mit,	avec.			*unter*,	sous.

Rem. 1° Au lieu de *wonach*, après ou d'après quoi, on dit aussi *wornach*, comme on dit *darnach*, avec *r* intercalé, pour *danach*, après ou d'après cela.

2° Par exception, on dit *warum*, pourquoi, au lieu de *worum*.

Les 2 adverbes de lieu, *hin*, d'ici là-bas, et *her*, de là ici, forment aussi avec *wo* 2 autres adverbes: *wohin*, où, avec mouvement, et *woher*, d'où, dont les 2 parties peuvent se séparer.

Wohin gehen Sie? Où allez-vous?
ou *Wo gehen Sie hin?*
Woher kommen Sie? D'où venez-vous? ANGLAIS: *Whence do you come?*
ou *Wo kommen Sie her?* ou *Where do you come from?*

Il faut aussi noter les 3 composés suivants: *anderswo*, et avec mouvement, *anderswohin*, ailleurs, et *anderswoher*, d'ailleurs.

2 *Klagen*, verbe neutre, se plaindre; et aussi, porter plainte. (Jurisp.)

Über einen zu klagen haben,	avoir à se plaindre de qn.
Sich zu Tode klagen,	se lamenter jusqu'à se faire mourir.
Sich über etwas bei einem beklagen,	se plaindre de qc. à qn.
Klage über einen führen,	porter plainte contre qn.

3 ou *Klârhênn*. (Voy. 1re Livraison, page 10, note 4, 2°.)

4 généralement, souffrir d'un mal à, avoir mal à, *leiden an*, avec le datif.

PRONONCIATION :	MOT-A-MOT :
Vorubĕr klâguĕnn Zî?	*Quoi-sur plaignez-vous vous?*
Ich laïdé ann denn Aoûguenne Zaïtt guéstern.	*Je souffre à les yeux depuis hier.*
Ich hâbé Aoûguenn-chmertsenn.	*Je ai yeux-douleurs.*
Ich hâbé Tsânn-chmertsenn.	*Je ai dent-douleurs.*
Ich hâbé Hals-chmertsenn.	*Je ai gorge-douleurs.*
Ich hâbé denn Chnoupfĕnn békommĕnn.	*Je ai le rhume attrapé.*
Ich hâbé denn Chnoupfĕnn.	*Je ai le rhume (de cerveau).*
Ich hâbé aïné chtarké Erkèltounngue.	*Je ai un fort refroidissement.*

leiden est irrégulier : *gelitten*, participe passé. *litt*, imp. de l'Ind. *litte*, imp. du Subj.

5 *an*, prép., *à*, *près de*, *auprès de*, *contre*, régit le datif ou l'accusatif, au propre ou au figuré.

I. SITUATION — datif. (Proximité d'un objet.)

A *Er ist an der Thür*, il est à la porte.
Ihr Haus liegt an dem Wege, leur maison est sur la route.
Der Stuhl steht an der Wand, la chaise est placée contre le mur.
Es ist an mir zu spielen. c'est à mon tour de jouer.
Gefallen an etwas nehmen, prendre plaisir à quelque chose.
Reich an Metall, riche en métal.
Grosz an Gedanken, grand en pensées.

B *An*, traduit *en* après *nachstehen*, être inférieur, *übertreffen*, surpasser, et la prép. *de* devant le nom de la cause d'une maladie ou d'une mort; il aide aussi à exprimer la forme la plus ordinaire du superlatif relatif des adverbes, et à préciser davantage avec le secours des articles *der* ou *ein*, le nom de temps déterminé.
Einem an (ou *in*) *Verdienst nachstehen*, être inférieur en mérite à quelqu'un.
Einem an Tapferkeit übertreffen, surpasser quelqu'un en bravoure.
Er ist am Fieber krank (ou *gestorben*), il est malade (ou mort) de la fièvre.
Er liest am besten von uns, il lit le mieux de nous.
*Am zehnten April**, le dix Avril.
An einem schönen Tage, par une belle journée.

C *Liegen an*, tenir à, dépendre de, être la faute de.
Das liegt an ihm, cela tient à lui, dépend de lui.
An mir soll es nicht liegen, ce ne sera pas ma faute.
Woran liegt es, dasz.......? à quoi tient-il que.......?

D *Daran liegen*, ou *daran gelegen sein*, importer.
Daran liegt mir wenig, peu m'importe.
Es liegt mir viel daran, il m'importe beaucoup.
ou, *Es ist mir viel daran gelegen*,

* On se sert préférablement de l'accusatif en datant une lettre : Paris, 10 Avril 1874, *Paris den* 10ten *April*, 1874.

Je tousse.	**Ich habe den Husten.**
J'ai mal au côté.	**Ich habe Seitenschmerzen.**
J'ai mal à la poitrine.	**Ich habe Brustschmerzen.**
La poitrine me fait mal.	**Die Brust thut mir Weh.**
J'ai mal dans le dos.	**Ich habe Rückenschmerzen.**
J'ai une courbature.	**Ich habe eine Steife.**
J'ai de la peine à respirer.	**Ich athme beschwerlich.**
J'ai la tête lourde.	**Der Kopf ist mir schwer.** 15

Daran liegt nichts,	n'importe.
Daran liegt mir gar nichts,	Cela ne m'importe en rien.

Was mir liegt daran?	Que m'importe-t-il ?
Was kann mir daran liegen?	En quoi cela peut-il m'importer ?
Was liegt an ihren Drohungen?	Que m'importent leurs menaces ?
Was liegt daran ?	Qu'importe ?
ou, *Was ist daran gelegen?*	

II. DIRECTION — Accusatif. (Approche d'un objet.)

Direction du corps ou de l'esprit.

An die Thür klopfen,	frapper à la porte.
Stelle den Stuhl an die Wand,	mets la chaise contre le mur.
An die Arbeit gehen,	se mettre à l'ouvrage.
Ich dachte eben an ihn,	je pensais précisément à lui.
Sich an (accus.) *kehren* ,	s'occuper de, faire attention à.....
Sich an (accus.) *gewöhnen,*	s'habituer à.....
An Gott glauben,	croire en Dieu.
Ist ein Brief an mich?	y a-t-il une lettre à mon adresse ?
Es ist nichts an Sie,	il n'y a rien pour vous.
Ich hatte an ihn geschrieben,	je lui avais écrit.

Rem. *An* s'emploie encore comme adverbe, signifiant *tout à côté de*, (lieu ou temps).

Neben an,	tout à côté.
Oben an, unten an,	tout en haut, tout en bas.
Von da an, von nun an,	à partir de là, dès à présent.
Von heute an,	à partir d'aujourd'hui.
Von Tagesbruch an,	dès le point du jour.
Von Jugend an,	dès la jeunesse.

On pourrait dire aussi : *von Jugend auf.*

PRONONCIATION :	MOT-A-MOT :
Ich hàbé denn Housstĕnn.	*Je ai la toux.*
Ich hàbé Zaïtenn-chmertsenn.	*Je ai côtés-douleurs.*
Ich hàbé Brouste-chmertsenn.	*Je ai poitrine-douleurs.*
Dî Brouste toûte mir Vê.	*La poitrine fait à-moi mal.*
Ich hâbé Rukĕnn-chmertsenn.	*Je ai dos-douleurs.*
Ich hâbé aïné Chtaïfè.	*Je ai une courbature.*
Ich âtmé bé-chverlich.	*Je respire difficilement.*
Der kopf iste mir chver.	*La tête est à-moi lourde.*

6 *Auge*, œil, *Ende*, fin, *Interesse*, intérêt, sont les seuls noms neutres en *e*, qui prennent *n* partout au pluriel.

7 *Seit*, prép. qui veut le datif; ne pas confondre ce mot avec *die Seite*, le côté, et *die Zeit*, le temps (durée).

8 Anglais, *yesterday*. On dit: *gestern Morgen, ou Abend*, hier au matin, ou au soir.

9 mot-à-mot, yeux douleurs. *Schmerz*, m. douleur, gén. — *es* (autrefois — *ens*), dat. — *e* (autrefois — *en*), prend *en* aux 4 cas du pluriel.

10 *Zahn*, m. dent, gén. — *es*, plur. ⁻̈ *e*. *Zahnen*, verbe neutre, faire des dents.
schwer zahnen, avoir la dentition difficile.

Hals, m. gorge, cou, gén. — *es*, plur. ⁻̈ *e*. Mal de gorge se dit aussi *Halsweh*, *n*, et *Halsübel*, *n*.
aus vollem Halse schreien, crier à pleine gorge.
— — — *lachen*, rire à gorge déployée.

11 *Kehle*, f. gorge, gosier.
pop. *es ist ihm etwas in die unrechte kehle gekommen*, ou *gerathen*, il a avalé quelque chose de travers.

12 *Schnupfenfieber*, n. gén. — *s*, grippe. *Schnupftuch*, *n*. gén. (*e*) *s*, plur. ⁻̈ *er*, mouchoir. *Schnupfen*, renifler, priser; *Schnupfer*, priseur; *Schnupftabak*, gén. (*e*) *s*, plur. — *e*, tabac à priser. Anglais, tabac en poudre, *snuff*.

13 *Stark*, fort, vigoureux, l'opposé de *schwach*, faible, débile.

14 *Erkältung*, f. refroidissement, de *erkälten*, verbe actif, refroidir, au propre.
Erkaltung, f. froideur, de *erkalten*, verbe neutre, se refroidir, au figuré.
Kälte, f. se dit aussi dans ce dernier sens.
Es herrscht eine grosze Erkaltung zwischen ihnen, il y a un grand refroidissement entr'eux (deux).
S'il s'agissait de plusieurs, *unter ihnen*.

15 ou, *es ist mir schwer im Kopfe*.

J'ai mal à la tête.	**Ich habe Kopfschmerzen.**
J'ai un mal de tête affreux.	**Ich habe fürchterliche[16] Kopfschmerzen[17].**
Depuis quand vous sentez-vous indisposé?	**Seit[18] wann fühlen Sie sich unwohl[19]?**
Quand cela vous a-t-il pris?	**Wann es ist Ihnen überkommen?**
Hier au soir, vers 10 heures.	**Gestern Abend, gegen[20] zehn Uhr.**
J'ai mal à l'estomac.	**Ich habe Magenschmerzen.**
J'ai des douleurs dans les entrailles.	**Ich habe Schmerzen in den Eingeweiden.**
J'ai mal au cœur.	**Es ist mir sehr übel.**

---

16 de *Furcht*, f. sans plur. crainte, dérivent plusieurs mots :

Fürchten, craindre, *fürchterlich*, ou *furchtbar*, terrible.

Fürchterlichkeit, ou *Furchtbarkeit*, épouvante.

L'adoucissement des voyelles *a*, *o*, *u*, est très-fréquent dans les adjectifs et les verbes dérivés.

Furchtsam, craintif; *furchtlos*, sans peur. (Anglais, *fearless.*)
Furchtsamkeit, timidité; *furchtlosigkeit*, intrépidité. (Anglais, *fearlessness.*)

sam est le primitif de *sammt*, avec, et signifie *qui est avec.*

los, adjectif, ajouté à un nom, équivaut au mot *sans* ayant ce nom même pour complément, et répond à l'anglais *less.*

17 Mal de tête se dit aussi *Kopfweh*, n. gén. — (*e*) *s*, sans plur.

PHRASES A NOTER:

Etwas im Kopfe haben,	avoir quelque chose en tête.
Es geht ihm an den Kopf,	il y va de sa tête.
Ein wunderlicher Kopf,	un drôle de corps.
Ich weisz nicht wo mir der Kopf steht,	je ne sais où donner de la tête.
Er ist im Kopfe nicht richtig,	il a un grain de folie.

18 *Seit*, prép. depuis, veut le datif: *seit kurzem*, depuis peu.

Depuis..... jusqu'à.....	*von..... bis zu* (datif).
Depuis la tête jusqu'aux pieds,	*von kopf bis zu Fusz.*
Depuis le Rhin jusqu'au Danube,	*von Rhein bis zur Donau.*

bis s'emploie seul devant les noms indéclinables, tels que les noms de nombre, les adverbes de temps ou de lieu, les noms de fêtes marquant une époque, les noms de villes ou de pays, et surtout devant ceux terminés par une sifflante.

Depuis 6 heures jusqu'à 7,	*von sechs bis sieben.*
Depuis le matin jusqu'au soir,	*von Morgen bis Abend.*
Depuis là jusqu'ici,	*von da bis hierher.*
Jusqu'à Pâques, jusqu'à la Pentecôte,	*bis Ostern, bis Pfingsten.*
Jusqu'à Rome, jusqu'en Angleterre,	*bis Rom, bis England.* (Lat. *usque Romam.*)
Jusqu'à Paris, jusqu'à Florence,	*bis Paris, bis Florenz.*

Rem. Nous avons aussi *seit*, ou *seitdem*, conj. depuis que
et *seitdem* (ou *seither*), adv. depuis lors, depuis ce temps-là.

PRONONCIATION :	MOT-A-MOT :
Ich hâbé kopf-chmertsenn.	*Je ai tête-douleurs.*
Ich hâbé furchtĕrliché hopf-chmertsenn.	*Je ai affreuses tête-douleurs.*
Zaïtt vann fûlĕnn Zî zich ounnvôl?	*Depuis quand sentez-vous vous-même pas bien?*
Vann ess iste Înenn ubĕrkommĕnn?	*Quand cela est à-vous survenu?*
Guéstern Abennd, guéguĕnn tsêne Oûr.	*Hier soir, vers 10 heures.*
Ich hâbé Mâguĕnn-chmertsenn.	*Je ai estomac-douleurs.*
Ich hâbé chmertsenn inn denn Aïnngévaïdenn.	*Je ai douleurs dans les entrailles.*
Ess iste mir zêr ûbĕl.	*Cela est à-moi très mal (au cœur).*

19 *unwohl*, indisposé, pas bien, est adj. et adv.
Es ist mir unwohl, je me sens mal à mon aise.

20 *gegen*, prép. vers, environ, contre, envers, régit l'accusatif.

vers, du côté de.	*Gegen Abend,*	vers l'Occident, à l'ouest.
	Gegen die Stadt ziehen,	se diriger du côté de la ville.
	Er lief gegen die Thür,	il courut vers la porte.
vers, près de, environ	*Gegen das Frühjahr,*	vers le printemps.
Temps ou nombre	*Gegen drei Uhr,*	vers 3 heures.
approximatif.	*Es sind gegen drei Uhr,*	il est environ 3 heures.
	Gegen zehn Jahre alt,	âgé d'environ 10 ans.
contre, opposition.	*Er ist gegen uns,*	il est contre nous.
	gegen den Feind,	contre l'ennemi.
	Gegen den Strom,	contre le courant.
	Zehn gegen eins,	dix contre un.
	Dagegen, wogegen.	contre cela, contre quoi.
	Gründe dafür und dagegen,	raisons pour et contre.
	Gegen die Natur,	contre nature.
ou,	*widernatürlich,*	
contre, comparaison	*Es ist nichts gegen das,*	ce n'est rien auprès de cela.
	Er ist gegen Dich ein kind,	c'est un enfant en comparaison de toi.
	Was it es gegen den Ruhm?	qu'est-ce à côté de la gloire?
	Im masz von eins gegen drei,	dans le rapport de 1 à 3.
contre, échange.	*Ein Ring gegen eine Uhr,*	une bague contre une montre.
	Gegen Geld geben,	donner pour de l'argent.
	Gegen baare Bezahlung,	contre paiement comptant, au comptant.

J'ai quelquefois des nausées.	**Ich fühle zuweilen Ekel.**
J'ai des étourdissements.	**Es mir manchmal schwindelt.** [21]
J'ai la langue chargée.	**Meine Zunge ist belegt.**
Je n'ai pas d'appétit.	**Ich habe keine Eszlust.**
J'ai de la fièvre.	**Ich habe Fieber.**
J'éprouve des frissons.	**Mich fröstelt, *ou* es fröstelt mich.**
J'ai eu de la fièvre toute la nuit.	**Ich habe die ganze Nacht Fieber gehabt.**
Je n'ai pas fermé l'œil.	**Ich habe keine Auge geschlossen.**

envers, à l'égard de *Betragen gegen die Anderen*, conduite envers les autres.
Pflichten gegen die Ältern, devoirs envers les parents.
Liebe gegen unsre Kinder, affection pour nos enfants.
Freundlich gegen die Seinigen, aimable envers les siens.
Mildthätig gegen die Armen, charitable envers les pauvres.

Rem. 1. *Gen* s'emploie aussi par abréviation pour *gegen*, et surtout,
dans cette locution : *gen Himmel*, vers le ciel.
et en terme de marine : *Wind von Nord gen Ost*, vent du Nord-Est.
ou simplement, *Nordostwind*, m.

2. *Entgegen*, à la rencontre de, et *gegenüber*, en face de, vis-à-vis de, veulent le datif, et se placent ordinairement après leur complément.
einem entgegen gehen, aller à la rencontre de qn.
Latin : *ire obviam alicui.*
dem Hause gegenüber, en face de la maison.
et quelquefois : *gegen dem Hause über.*

21 *Es*, pronom neutre, s'emploie au nominatif ou à l'accusatif pour traduire les pronoms indéterminés *il*, *ce*, *le*, ainsi que l'indéfini *on* ; et quand il est régi à l'accusatif par une préposition, on le remplace toujours par *dasselbe*, ou un adverbe démonstratif composé avec *da*, comme *dafür*, pour cela.
Es ist Tag, il fait jour. *Er will es*, il le veut.
Es ist zu früh, c'est trop tôt. *Es wird erzählt*, on raconte.
Ich dachte immer an dasselbe, ou simplement *daran*, j'y pensais toujours.
(Newton, parlant de la Découverte des Lois sur la Gravitation universelle.)

Rem. 1. Souvent le pronom *es* se lie au mot qui précède ; alors l'*e* se supprime, et se remplace par une apostrophe.
Er will's, wie geht's? Il le veut, comment cela va-t-il ?

2. Le verbe qui suit s'accorde avec le sujet défini.
Es fallen Schloszen, il tombe des grêlons.
Es sind viele Leute da, il y a beaucoup de monde.
mais avec *geben*, donner, *setzen*, poser, constituer, et *haben*, avoir (en soi), ou offrir, employés impersonnellement pour traduire *il y a*,

PRONONCIATION :	MOT-A-MOT :
Ich fûlè tsouvaïlenn Ekël.	*Je éprouve parfois dégoût.*
Ess mir mannchmâl chvinndelte.	*Il à-moi maintes fois tourne.*
Maïné Tsoûnngué iste bèlègte.	*Ma langue est chargée.*
Ich hâbé kaïné Esslouste.	*Je ai aucun appétit.*
Ich hâbé Fîbër.	*Je ai fièvre.*
Mich freûstelte.	*Moi (il) fait-frissonner.*
Ich hâbé dî ganntce Narhte Fîbër guèhabte.	*Je ai la entière nuit fièvre eu.*
Ich hâbé kaïné Aougué guèchlossenn.	*Je ai aucun œil fermé.*

le pronom *es* est le sujet réel de ces verbes qui, pour cette raison, restent toujours au singulier.

Es gibt Leute, welche sagen, il y a des gens qui disent.
Es gab Streit da, il y eut dispute.
Es wird Feste geben, il y aura des fêtes.
Es hat viele Schwierigkeiten, il y a bien des difficultés.
Es wird Streit setzen, il y aura querelle.

L'emploi de l'impersonnel *es setzt*, pour traduire *il y a*, est moins fréquent et du langage familier.

3. *Es* est remplacé par *das* ou *dies*, lorsque *ce* n'est plus un sujet vague, mais tient lieu d'un pronom démonstratif, suivi ou non du mot *là* par emphase.

C'était (là) un soldat, *das war ein Soldat.*
C'étaient (là) mes armes, *das waren meine Waffen.*
Ce sont (là) nos enfants, *dies sind unsre kinder.*
C'est (là) mon espoir, *das hoffe ich.*
Qu'est-ce? *was ist das?*
Quel livre est-ce? *was für ein Buch ist das?*
Est-ce toi? C'est moi. *Bist Du das? das bin ich.*
ANGL. *It is I.*

4. *Es* à son tour remplace souvent un attribut sous-entendu, ou désigné à l'aide des pronoms relatifs *qui, que, dont*, etc.: ces derniers sont alors exprimés en allemand par les différents cas du pronom relatif *der*, qui est toujours de la 3e personne.

Qu'est-ce? C'est moi. *Wer ist es? Ich bin es.*
C'était cela, *das war es.*
C'est moi qui l'ai fait, *ich bin es, der dies gethan hat.*
C'est moi qui en suis la cause, *ich bin es, der daran Schuld ist.*
C'est à toi que je le dis, *Du bist es, dem ich das sage.*
C'est bien lui que j'ai vu, *wohl ist er es, den ich gesehen habe.*
C'est lui dont les œuvres..... *er ist es, dessen Werke.....*
C'est ce dont je me plains, *das ist es, dessen ich mich beklage.*
Êtes-vous malade? je le suis. *sind Sie krank? Ich bin es.*
C'est vous qui ne voulez pas. *Ihr seid es, die nicht wollen.*

Souvent aussi on tourne de manière à supprimer *c'est... qui* ou *que*, et alors,

Si c'est le sujet qui doit prédominer, on l'écrit en espaçant les lettres, ou on l'accentue en parlant,

Je me sens très-mal.	**Ich fühle mich sehr krank.**
Je me trouve tout je ne sais comment.	**Ich fühle mich, ich weisz nicht wie.**
Je suis étourdi.	**Ich habe den Schwindel.**
Je vais aller me coucher.	**Ich werde zu Bett gehen.**
Il vous faudra prendre médecine,	**Sie müssen arznei nehmen,**
faire diète, vous tenir bien chaudement,	**Diät halten, sich recht warm halten,**
et prendre garde de vous enrhumer.	**und sich hüten, sich zu erkälten.**
Il faut vous coucher,	**Sie müssen sich zu Bett legen,**
et rester au lit.	**und das Bett hüten.**

Si c'est le régime, on le met en tête même de la phrase :

Ich habe dies gethan.	Ταῦτα αὐτὸς ποιέειν φυλάσσεο.
Ich bin daran Schuld.	Αὐτὸς παραγενόμην. BURNOUF, p. 249.
Dir sage ich das.	Ipse adfui.
Ihn habe ich gesehen.	Tu loqui sic audes !

5. *Es* est encore employé pour annoncer un régime direct représenté par toute une proposition.

Diese Fabel erweist es, dasz...	cette fable montre (ceci :) que...
Sie waren es gewohnt, dasz...	ils étaient habitués (à ceci :) à...
Ich verbiete es Ihnen,... zu...	je vous défends (ceci :) de...
Ich bin es zufrieden, dasz...	je consens (à ceci :) que...

dans cette construction, *es* a une valeur emphatique qui répond à l'adverbe français *bien* :

Cette fable montre *bien* que
Ils étaient *bien* habitués à
Je vous défends *bien* de
Je consens *bien* que

6. GERMANISMES

Es waren unser drei,	Nous étions trois.
Es lebe der ou die..........!	Vive le ou la.............!
Es leben die................!	Vivent les................!
Es reden viel die Menschen von..	Les hommes parlent beaucoup de...
Es hatten ihn die Nachbaren geziehen.	Les voisins l'avaient accusé.

Es behandelt sich um (acc.)	il s'agit de
Es behandelt sich darum :	il s'agit de ceci :
Es fragt sich ob...	il s'agit de savoir si...

Es schläft sich hier gut,	on dort bien ici, ou,
ou, *Es läszt sich hier gut schlafen,*	il fait bon dormir ici.
Es lebt sich hier, wie.....	on vit ici, comme...
ou, *Hier lebt es sich* (ou *sich's*), *wie..*	
Es geht sich angenehm hier,	il fait bon marcher ici.
Es versteht sich von selbst,	cela va sans dire.

PRONONCIATION :	MOT-A-MOT :
Ich fûlé mich zêr krank.	*Je sens moi très malade.*
Ich fûlé mich, ich vaïss nicht vî.	*Je sens moi, je sais pas comment.*
Ich hâbé denn Chvinndĕl.	*Je ai le vertige.*
Ich verdè tsou Bett gué.ĕnn.	*Je* signe du futur *à lit aller.*
Zî mussĕnn Artsnaï nêmĕnn.	*Vous devez médecine prendre,*
Dîète haltĕnn, zich recht varm haltĕnn,	*diète tenir, soi très chaud tenir,*
ounnt zich hûtĕnn, zich tsou erkèltĕnn.	*et soi garder, soi de enrhumer.*
Zî mussĕnn zich tsou Bett léguĕnn,	*Vous devez soi à lit mettre,*
ounnt dass Bett hûtĕnn.	*et le lit garder.*

Es dabei beruhen lassen,	en demeurer là.
Es gut ou böse mit einem meinen,	vouloir du bien ou du mal à qn.
Es sich bequem machen,	prendre ses aises.
Es gut haben,	être dans une bonne situation.
Es sich an nichts feh'en lassen,	se donner toutes ses aises.

Le pronom *es* est employé ici comme *le* en français dans les locutions suivantes: *l'*emporter, *le* céder à quelqu'un en quelque chose, *le* prendre sur un ton, ou bien haut, *l'*échapper belle, etc.

Remplacement d'un sujet vague et inconnu, mais assez facile à suppléer :

Es klopft, (souvent suivi de *Jemand*)	on frappe.
Es heiszt er sei gestorben,	on dit qu'il est mort.
Hier heiszt es wohl,	c'est ici qu'on peut dire.
Es ruft aus der Tiefe,	une voix s'élève de l'abîme.

7. SUPPRESSION DE ES

A. Lorsque le sujet défini est exprimé avant le verbe, quelle que soit la proposition principale ou accessoire.

Morgen ist Feiertag,	c'est demain fête.
Da Morgen Feiertag ist,	comme c'est demain fête.

B. Lorsque, *es* n'étant pas le sujet réel de la phrase, ce dernier doit se placer encore après le verbe pour quelque autre motif grammatical.

Hier fallen Schloszen,	il tombe ici des grêlons.
Sind viele Leute da?	y a-t-il beaucoup de monde ?
Hier ist nicht Zeit,	ce n'est pas le moment.

mais cette inversion ne saurait avoir lieu avec *es gibt*, *es setzt*, ou *es hat*, il est, il y a, attendu que le sujet réel est alors le régime direct de ces verbes.

Hier gibt viele Leute,	il y a ici beaucoup de monde.
Gab es Streit da?	y eut-il dispute ?
Hat es Schwierigkeiten?	y a-t-il des difficultés ?
Heute hat es keine Gefahr mehr,	aujourd'hui il n'y a plus de danger.
Morgen wird es Streit setzen,	demain il y aura dispute.

4° SANTÉ DES PARENTS

Comment se porte votre famille?	**Wie befindet sich Ihre Familie?**
Et M. votre oncle? Il y a longtemps que je ne l'ai vu.	**Es ist lange[22] her, dasz ich Ihren Oheim nicht gesehen habe.**
Il a été un peu indisposé.	**Er ist ein wenig unwohl[23] gewesen.[24]**
J'ai reçu de ses nouvelles.	**Ich habe Nachricht von ihm erhalten.**
Il a bien reposé cette nuit.	**Er hat diese Nacht wohl geruht.**
Il se porte un peu mieux aujourd'hui.	**Er ist heute ein wenig besser.**
Il est encore assez faible.	**Er ist noch ziemlich schwach.**
Il se sent beaucoup mieux.	**Er fühlt sich viel besser.**
Il se sent bien soulagé.	**Er fühlt grosze Linderung.**

C. Avec un passif impersonnel, dans toute phrase principale commençant par un autre mot que le sujet *es*, aussi bien que dans toute phrase accessoire.

Heute wird gesagt, dasz .... aujourd'hui on dit que...
Wenn Ihnen gesagt wird, dasz... si l'on vous dit que...

8. SUPPRESSION ÉVENTUELLE DE ES.

Quand le verbe est précédé d'un régime,

Ihm kann geholfen werden, on peut l'aider.

et en pareil cas, cette suppression s'observe le plus ordinairement avec un verbe unipersonnel, ou employé impersonnellement, exprimant une sensation ou un sentiment.

Mich friert,	pour *es friert mich,*	j'ai très-froid.
Mir ist warm,	*es ist mir warm,*	j'ai chaud.
Mich dünkt ou *daücht,*	*es dünkt mich,*	il me semble.
Mich reut,	*es reut mich,*	je me repens.

Ajoutons cependant que même dans ce cas, la suppression de *es* n'a pas toujours lieu. On dit aussi :

Mich hungert,	ou *Mich hungert's,*	j'ai faim.
Das braucht es nicht (SCHILLER),		cela n'est pas nécessaire.

Rapprocher les locutions anglaises *methinks*, ou *meseems*, il me semble, *methought*, ou *meseemed*, il me semblait, et les tournures latines *me pœnitet*, je me repens, *me pudet*, j'ai honte, etc.

22 *Lange*, adv. longtemps. Noter les locutions suivantes:

Ist es lange dasz...	y a-t-il longtemps que...
Nicht lange hernach,	peu de temps après.
Noch lange nicht,	pas de sitôt.
Wie lange?	combien de temps?
Wie lange, ou *so lange als,*	aussi longtemps que.
Länger, comparatif,	plus longtemps.
Längst, superlatif, ou *am langsten,*	au plus long.

PRONONCIATION :	MOT-A-MOT :
Vî bèfinndett zich îrè Famîli-é?	*Comment trouve soi votre famille?*
Ess iste lanngué hèr, dass ich îrenn Ohaïme nicht guézéenn hâbé.	*Il est longtemps de-là, que je votre oncle pas vu ai.*
Er iste aïnn vénigue ounnvôl guévézenn.	*Il est un peu indisposé (non bien) été.*
Ich hâbé Narhricht funn îme erhaltènn.	*Je ai nouvelle de lui reçu.*
Er hatt dîré Narht vôl guéroûte.	*Il a cette nuit bien reposé.*
Er iste hoïtè aïue vénigue bessèr.	*Il est aujourd'hui un peu mieux.*
Er iste norh tsîmmlich chvarh.	*Il est encore assez faible.*
Er fûlt zich fîl bessèr.	*Il sent soi beaucoup mieux.*
Er fûlt grôssè Linnderounngue.	*Il sent grand soulagement.*

Längstens, au plus long, au plus tard.
Je länger, je lieber, le plus longtemps sera le mieux.

23 Au lieu de *ein wenig unwohl*, on pourrait dire *etwas unpässlich*, ou *unpasz*.

24 *Er ist gewesen*, il est été, pour *il a été*.

Le verbe *sein*, être, forme par lui-même une partie de ses temps composés sans le secours du verbe *avoir*, comme cela a lieu en français.

INFINITIF	Passé	*gewesen sein*,	m. à m. été être	p[r] avoir été.
INDICATIF	Parfait	*ich bin gewesen*,	je suis été,	j'ai été.
	Plusque parfait	*ich war gewesen*,	j'étais été,	j'avais été.
SUBJONCTIF	Parfait	*ich sei gewesen*,	(que) je sois été,	(que) j'aie été.
	Plusque parfait	*ich wäre gewesen*,	(que) je fusse été,	(que) j'eusse été.
CONDITIONNEL	Passé	*ich würde gewesen sein*,	je serais été,	j'aurais été.

Rem. 1. Il est intéressant de rapprocher ici les tournures italiennes suivantes :

io sono stato, je suis été, p[r] j'ai été.
io era stato, etc. j'étais été. j'avais été.

où l'on retrouve les racines latines *sum*, je suis, et *eram*, j'étais.

2. Plusieurs raisons permettent de rattacher le participe *gewesen*, et l'imparfait *war* (anc. *was*, qui se retrouve en anglais) à l'ancien verbe *wesen*, résider, séjourner, que l'on rencontre dans *Gœthe*. Voy, *Dietz*, Dict. allemand.) Ce sont :

A. Le substantif *das Wesen*, l'être, l'essence, la créature.

B. Les adjectifs *abwesend*, absent, et *anwesend*, présent, où *wesend* est précisément la forme qu'aurait le participe présent de *wesen*.

C. Le verbe composé *verwesen*, act. régir, et neutre, se corrompre.

D. La forme du part. passé *gewesen*, et celle de l'imparf. de l'Ind. *war* (anc. *was*) et de l'imparf. du Subj. *wäre*, analogues aux formes correspondantes de *lesen*, cueillir, lire : *gelesen, las, läse*,
ou de *genesen*, guérir, neut. : *genesen, genas, genäse*.

Suite du Substantif.

PARTICULARITÉS DU PLURIEL.

1° *Inflexion.* On indique par ce mot une *modification du son* de la voyelle radicale en un autre *plus adouci*, comme dans *Dörfer*, pluriel de *Dorf*, village.

Pour marquer cet adoucissement de la voyelle, on se sert dans les imprimés d'un tréma ou 2 points au-dessus de cette voyelle, et dans l'écriture de 2 guillemets.

Quand une majuscule a l'inflexion, on peut remplacer le tréma par la lettre *e* placée à côté de cette majuscule. D'après cela, on écrit : *Ä* ou *Ae*, *Ö* ou *Oe*, etc.

Cette inflexion se pratique sur les voyelles radicales *a*, *o*, *u*, et sur l'*a* de la diphthongue *au*. On les prononce alors *è*, *eû*, *û*, *oï*. La désinence *thum* est la seule qui admette cet adoucissement : *Die Irrthümer*, les erreurs.

Lorsqu'au pluriel les voyelles redoublées *aa*, *oo*, prennent l'inflexion, elles redeviennent simples, et se changent en *ä*, *ö*. Ex :

das Maal, la marque ; *die Mäler*, les marques.
der Boot, la nacelle ; *die Böte*, les nacelles.

Cette inflexion s'appelle en allemand *umlaut*. De là, *das umlaut nehmen*, ou simplement *umlauten*, verbe neutre, prendre l'inflexion.

Remarquer que l'inflexion du nominatif pluriel se continue toujours dans les autres cas du pluriel.

2° Le nominatif, le génitif et l'accusatif sont toujours semblables.

3° Quand le nominatif prend *n* ou *en*, les 3 autres cas sont semblables à ce nominatif.

4° Le datif pluriel ne prend pas la finale *n*, lorsque le nominatif pluriel est déjà terminé par cette consonne :

die Becken, les bassins.
den Becken, aux bassins.

5° Quelques noms des 3 genres prennent *er* sans inflexion, ou bien prennent l'inflexion sans rien ajouter, ce que le dictionnaire ne manque pas d'indiquer, et ce qui ne demande aucun modèle ; quant à quelques autres noms masculins ou neutres, *gén. s*, qui prennent *en* ou *n* au nominatif pluriel, on n'a alors qu'à se rappeler l'observation 3° ci-dessus.

6° Des noms d'origine étrangère sont indiqués dans les dictionnaires comme prenant au nominatif pluriel *s*, *a*, ou *i*; les 3 autres cas se terminent de même.

Ex : *Pascha*, *Tempo*, *Medicus*, *Lexicon*, *Centrum*, etc.
Pl. — *s*, — *s*, *Medici*, *Lexica*, *Centra*.

(La suite est en tête de la Livraison n° 4.)

1710 Typographie Morris Père et Fils, rue Amelot, 64.

www.ingramcontent.com/pod-product-compliance
Lightning Source LLC
LaVergne TN
LVHW020510230826
846091LV00008BA/3447

* 9 7 8 2 0 1 3 5 8 8 3 7 9 *